Schauen & Staunen  mit Pater Gabriel

Inhalt

Impressum:
Herausgeber und Verleger: Benediktinerstift Admont, A-8911 Admont 1
© Benediktinerstift Admont 2006
Redaktion: Dr. Michael Braunsteiner, Lektorat: Dipl.-Theol. P. Winfried Schwab OSB
Bilder: Mag. P. Gabriel J. Reiterer OSB, Archiv des Benediktinerstiftes Admont, Ernst Kren
Umschlagtitel: Feuerlilie, Umschlagrücken: Mohnblumen im Rosarium
Konzept, Layout & digitale Druckvorstufe: Ernst Kren/Medien Manufaktur Admont
Druck: Ennstaler Druckerei Wallig, Gröbming

Vertrieb an den Buchhandel:
Steirische Verlagsgesellschaft in der Leykam Buchverlagsges.m.b.H. Nfg. & Co.KG, Graz
ISBN 3-85489-131-8

Vorwort Abt Bruno Hubl OSB	4
Zum Autor: Pater Gabriel Johann Reiterer OSB	6

Ein Kloster mit Natur & Kultur — 10

Das benediktinische Universum	12
Erwarte das Unerwartete	14
Naturforschung aus Tradition	16
Im Kräutergarten des Stiftes	18
Wein im Blumenhaus	20

Jahreszeiten im Benediktinerstift Admont — 22

Der Frühling	25
Im Sommer	27
Herbst zeitlos	29
Stift in weiß	31

Gesäuse: Fels, Wald und Wasser — 34

Das Gesäuse: Artenreich in Vielfalt	36
Landschaft vertikal	38
Wald in guter Gesellschaft	42
Tosendes Wasser – Gesäuse	46

Lebensräume im Jahreslauf — 50

Die Landschaft erwacht	52
Landschaft auf Sommerfrische	56
Landschaft im Herbstkleid	60
Landschaft unter Schnee	64

Lebensräume und ihr Kreislauf — 70

Hotel Flora mit Kost & Logis	72
Lebensraum feucht & warm	82
Der Kreislauf des Lebens	84
Lebensraum Moor, Moos & Farn	88
Im Reich der Pilze	94
Landschaft beeriger Früchtchen	100

Flora im Frühling — 108

Die gelben Seiten der Landschaft	110
Weiße Wochen im Lenz	116
Schönheit im Schatten	124
Paradies in rosarot	126
Wenn die Landschaft rotblau macht	134
Nachbarn und andere Sprösslinge	138

Flora im Sommer — 146

Sommerzeit in voller Pracht	148
Pink is beautiful	156
Flora sonderbar	164
Floraweiß im Sommer	172
Gemixt, getupft und kerzengerade	180

Flora im Herbst — 186

Herbst in warmen Tönen	188
Herbst in allen Farben	194
Natur im Saisonschluss	206

Flora im Winter — 212

Landschaft im Frost	214
Paradies aus Kristall & Eis	222
Pflanzenverzeichnis	226

Vorwort  Abt Bruno Hubl OSB

„Groß sind die Werke des Herrn, kostbar allen, die sich an ihnen freuen." Ps 111,2

Täglich begegnen uns einzigartige Kostbarkeiten der Schöpfung, die wir in unserem Alltag häufig übersehen und denen wir deshalb auch nicht die erforderliche Aufmerksamkeit schenken. Oft gönnt uns die manchmal atemraubende Hektik nicht die notwendige Ruhe, um uns schauend den Wundern der Natur hingeben zu können.

Schon vor vielen Jahrhunderten hat der heilige Benedikt erkannt, dass der Wechsel von Gebet und Arbeit das Leben trägt und jeglichem Tun einen tiefen Sinn verleiht. So ist das Motto „Ora et labora – Bete und arbeite" zum Kennzeichen der Benediktiner geworden. Unserem Ordensvater ist ebenso auch jene freie Zeit wichtig, die dem einzelnen Mönch persönlich zur Verfügung steht. Im Tagesablauf gibt es entsprechend der Lebensordnung Abschnitte, in denen er vom Gebet oder von seiner Arbeit in Anspruch genommen wird, aber auch eine Zeit der innerlich bereichernden Muße. In dieser ist er frei für die Lesung, was

im Kontext der Benediktusregel bedeutet, dass der Mönch sich Zeit zum persönlichen Gebet, zur absichtslosen, stressfreien Beschäftigung mit geistlicher Lesung und zur Meditation nimmt. Diese Muße gibt ihm immer wieder Kraft für die tägliche Mühe und erschließt ihm den Sinn seines Lebens in der Beziehung zu Gott, zum Mitmenschen und zur Schöpfung sowie letztlich zu sich selbst.

Unser Mitbruder P. Gabriel Reiterer OSB hat in seiner Mußezeit auch mehr Interesse am Fotografieren gefunden, sodass ihm dies zu einer lieben Freizeitbeschäftigung geworden ist. Dabei entdeckt er häufig – manchmal auf recht ungeahnte Weise – die oft verborgene Schönheit der Natur. Viele Überraschungen bieten sich seinem achtsamen Auge und dem zielgerichteten Objektiv seiner Kamera dar und lassen ihn, der sich innehaltend dem Schauen hingibt, über das Entdeckte staunen. Das Schauen nämlich hat nichts mit einem bloß flüchtigen Sehen zu tun, sondern meint das Verweilen und aufmerksame Betrachten. So vermag man die Spuren des Schöpfers zu erkennen, sodass daraus Freude, Lob und Dank erwachsen.

Mögen nun auch die Bilder der folgenden Seiten die Freude an den Wundern, die unsere Gegend bereithält, wecken und schließlich zum persönlichen Betrachten und Entdecken in der freien Natur anregen.

Dieser Band möchte viele Menschen zur „Suche nach den Spuren des Schöpfers" und zur Begegnung mit Gott einladen.

In diesem Sinn wünscht dem Buch eine weite Verbreitung

+ Bruno Hubl
Abt Bruno Hubl OSB

Autor  Pater Gabriel Johann Reiterer OSB

Meine Heimat ist zwar die südliche Weststeiermark mit ihren sanften Hügeln und lieblichen Tälern, wo der Wein wächst und die Edelkastanie und wo alles noch überschaubar ist. Aber die Vorsehung hat mich schon in jungen Jahren ins Ennstal geführt. Hier ist das Stift Admont meine neue Heimat geworden. Anfangs sind mir die schroffen Felsen des Kalkgebirges – vor allem die Haller Mauern und die Gesäuseberge – fast abweisend erschienen, doch im Laufe der Jahre wurden sie mir lieb und vertraut.

Jede Wanderung in der Natur offenbart neue Einblicke, wobei mich die schier unerschöpfliche Blumenpracht in den Kalkalpen am meisten fasziniert. Man muss sich tief hinabbeugen, um alle Schönheit im Bild einfangen zu können, und man muss immer und immer wieder dieselben Wege gehen, damit das Gemüt die Wunder der Natur im Großen und Kleinen erfassen kann.

Das Stift Admont hat dem Fragenden und dem, der das Staunen noch nicht verlernt hat, viel zu bieten: eine Verbindung des Glaubens mit Kunst und Natur, mit Altem und Neuem. Von Beginn an war ich beeindruckt von der umfangreichen Sammlertätigkeit meines klösterlichen Namensvetters P. Gabriel Strobl (1846-1925), der auch meinem Ordensnamen Pate stand. Viele Wanderungen habe ich unternommen, und immer war ich überwältigt von der Schönheit und Vielfalt der Natur. Eine große Dankbarkeit für all die Wunder erfüllt mich.

In diesem Buch versuche ich, einen kleinen Teil dessen wiederzugeben, was mir auf meinen Wanderungen begegnet ist.

Es war dabei keineswegs meine Absicht, ein vollständiges Herbarium unserer engeren Heimat zu erstellen; vielmehr wollte ich zeigen, wie viel Schönes hier wächst und dass es sich lohnt, hinauszugehen und sich umzuschauen.

Herzlich danken möchte ich all denen, die mich bei der Bestimmung der Pflanzen unterstützt haben, besonders meiner ehemaligen Kollegin Frau Prof. Mag. Waltraud Nowotny.

Mögen sich alle geschätzten Betrachter – so wie ich – von der Schönheit, Vielfalt und Farbenpracht unserer Heimat im Herzen berühren lassen und Freude haben an den vielen Wundern der Schöpfung „vor unserer Haustüre".

Pater Gabriel Johann Reiterer OSB

Lavendel im Kräutergarten

Ein Kloster mit Natur & Kultur

Impressionen im klösterlichen Umfeld

Das benediktinische 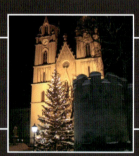 Universum

P. Gabriel Reiterer hat ihn: den gewissen Klick! Und er hat auch das Wissen und die Gabe, Pflanzen und Pflänzchen aus verblüffenden Perspektiven tiefenscharf und makrokosmisch-monumental wirkend „abzubilden". Ein Digital-Shot von P. Gabriel ist unverwechselbar ein P. Gabriel-Digital-Shot. Ihn merkt man sich. Er hinterlässt Eindruck. Man will nach jedem noch einen sehen – was soviel bedeutet wie: „Diese Fotos machen hungrig". Die Persönlichkeit P. Gabriels entwächst einem besonderen Nährboden. Seine durch digitale Fotografie entfaltete Kreativität wurzelt in den Gegensätzen von Kultur und Natur, Tradition und Innovation, Erwartetem und Unerwartetem, wie sie in dieser Dichte wohl nur an wenigen Orten in Österreich zu finden sind: im konkreten Fall im benediktinischen Universum des Stiftes Admont. P. Gabriel ist Benediktiner. Seit der Gründung ihrer Abtei im Jahre 1074 leben die Admonter Mönche nach der Regel des hl. Benedikt von Nursia. Das Stift Admont betreut 27 Pfarren, betreibt ein Stiftsgymnasium, ein Seniorenpflegeheim und ein Haus der Begegnung. Die Wirtschaftsbetriebe beschäftigen etwa 500 Mitarbeiter. Das stete Engagement für Wissenschaft und Kunst spiegelt sich im neuen Großmuseum wider. Über den vielfältigen Aufgabengebieten, spürbar auch hinter den Fotos dieses Buches, steht immer der Grundsatz des hl. Benedikt: „Ut in omnibus glorificetur Deus! – Damit in allem Gott verherrlicht werde!"
Einen Höhepunkt dieser benediktinischen Verherrlichung Gottes im Stift Admont stellt

vor allem die 1776 vollendete größte Klosterbibliothek der Welt dar. Sie schlägt sich aber auch im Museum nieder, das sich in zwei Trakten über vier Geschosse erstreckt. In den Räumen entfaltet sich ein variationsreiches Ausstellungskonzept: mittelalterliche Handschriften und Frühdrucke, Kunst vom Mittelalter bis zur Gegenwart, das 1866-1910 von P. Gabriel Strobl errichtete Naturhistorische Museum, eine multimediale Stiftspräsentation, Sonderausstellungen, eine Panoramastiege, ein Klosterladen u.v.m. werden zum unvergleichlichen Erlebnis. Das Museum versteht sich als lebendiger Ort der Überlieferung, des Fortschrittes und des Gesprächs. Es ist Stätte der Vielfalt, Teil des Klosters, Fixpunkt innerhalb der österreichischen Museumslandschaft und Tourismusmagnet mit riesigem Überraschungspotential. Bibliotheks- und Museumstrakt sind in die großzügige Klosteranlage mit ihrer Gartenarchitektur eingebettet. Sie eröffnen Ausblicke auf die beeindruckende Kulisse der Gesäuselandschaft und den nahen Nationalpark. P. Gabriel schöpft täglich aus dieser „harmonisch-spannungsreichen" Mischung, wobei er sich auf das Fotografieren von Blütenpflanzen im Makrobereich spezialisiert hat.

Zum typischen Reiz Admonts zählt die wundervolle Naturlandschaft, in die P. Gabriels Kloster eingebettet ist. Von seinen Expeditionen in das Pflanzenparadies des Gesäuses gibt dieses Foto-Buch einen Staunen erweckenden Eindruck wieder. Das Erklettern der bis zu 2.365 Meter hohen Berge rings um Admont ist allerdings nicht die Passion des „Gegenwartsmönchs" P. Gabriel. Das überlässt er anderen. Vor über 100 Jahren hat in Ausführung seiner wissenschaftlichen Aufgaben sein Namensvetter P. Gabriel Strobl diese gefährlichen Naturschönheiten erkundet. Heute gibt es profunde Gebietskenner wie den Admonter Schriftsetzer Ernst Kren, die aus der Sicht berglos aufgewachsener Städter Kopf und Kragen riskieren, wenn sie sich in diese wolken- und nervenkitzelnden Wände der wildromantischen Gesäuseberge hinauf wagen. Atemberaubend verdeutlichen seine Fotos, wie vielfältigste Pflanzen in die eigenwilligen und bizarren hochalpinen Lagen hinauf wachsen können. Diese Motive verlebendigen uns den Kontext der anderen Pflanzen, die P. Gabriel weiter unten fotografiert. Den gewissen Blick für Pflanzen haben jedenfalls beide, P. Gabriel Reiterer und Ernst Kren; ebenso den gewissen Klick, der dazu führt, dass wir ihre Naturaufnahmen nun auch im Dialog sehen können.

Dr. Michael Braunsteiner
Künstlerischer Leiter Museum Stift Admont

Erwarte das Unerwartete

Links:
Installation in der Stiftsbibliothek, Andreas Horlitz, 2005

Rechts:
Aus dem Museum für Gegenwartskunst;
Handschrift – Detail;
„Marienblau" – die blaue Blume im Hemmagarten;
Stickerei von Frater Benno Haan OSB

Naturforschung aus Tradition

Links:
Detail aus dem Vogelsammelsurium

Rechts:
Im Reptiliengang;
Die Wachsobst-Sammlung;
Pater Gabriel Strobl;
Im Insektenraum

Im Kräutergarten des Stiftes

Einblicke in den Kräutergarten

Wein im Blumenhaus

Das Blumenhaus der hauseigenen
Gärtnerei bietet auch Köstlichkeiten aus
den stiftischen Weingärten in Slowenien

Jahreszeiten im Benediktinerstift Admont

Das Areal des Benediktinerstiftes
im Lauf der Jahreszeiten

Der Frühling

Links:
Frühlingsblüten in der
Obstallee des Gutshofes;
Frühblüher im Rosarium;
Blick von der Panoramastiege
auf den Kräutergarten

Rechts:
Das Kloster mit dem Stiftsteich

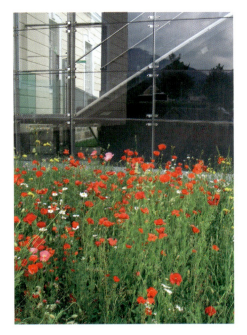

Im Sommer

Links:
Sommerliche Ansichten
rund ums Kloster

Rechts:
Teichrose im Stiftsteich

Herbst zeitlos

Links:
Erstes Eis am Stiftsteich;
Der Neptunbrunnen im Rosarium;
Kräutergarten im Herbstkleid

Rechts:
Im Innenhof der Klosteranlage

Stift in weiß

Links:
Die Wallfahrtskirche Frauenberg;
Gefrorenes am Stiftsteich;
Rosarium mit Neptunbrunnen;
Tiefverschneite Klosterumgebung

Rechts:
Der Pavillon im Stiftsgarten

Schauen & Staunen

Am Stiftsteich

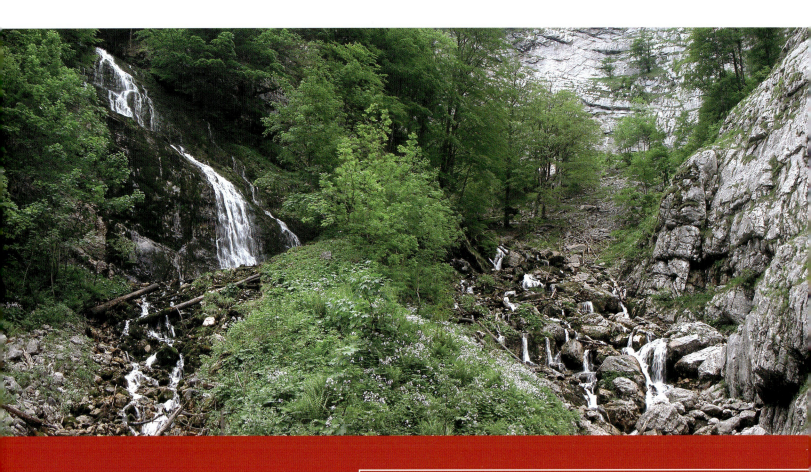

Gesäuse: Fels, Wald & Wasser

Links:
Fels, Wald, Wasser im Hartelsgraben

Rechts:
Die „Pyramide" im Gesäuse-Eingang;
Kulturlandschaft in den Cordon-Wiesen;
Subalpiner Mischwald im „Zirbengarten";
Die Nordwestwand des Reichensteins

Das Gesäuse

Artenreich in Vielfalt

Die Ennstaler Alpen beherbergen das älteste und größte zusammenhängende Naturschutzgebiet der Steiermark. Charakteristisch sind die beidseitig des Tales aufgeschichteten Gebirgszüge, die zu den imposantesten der Alpen zählen. Aufgrund seiner Einzigartigkeit trägt das Gebiet im Bereich des Gesäuses wohlverdient das Prädikat „Nationalpark der Kategorie II". Der Begriff „Gesäuse" wird an der engsten Stelle der Enns verständlich; dort, wo sich der unvermittelt wildgewordene Fluss geradezu gewalttätig über den Katarakt stürzt, entsteht ein Getöse, ein Rauschen und Sausen, ein einziges Gesäuse also, das hoch oben in den zerklüfteten Steilwänden noch wahrnehmbar ist. Wasser – von Tümpeln und Teichen über Wasserfälle und Wildbäche, nicht zuletzt die Enns, die nur hier noch weitgehend naturnah fließt – ist das formgebende Element der gesamten Landschaft. Selbst die unnahbaren Felszonen sind perma-

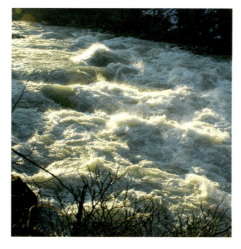

nente Baustellen des flüssigen Architekten, der auch das Innere der Steinkolosse formte und zahlreiche Höhlensysteme schuf. Umrahmt wird das Bild von einer dichten Mischwaldgesellschaft, mancherorts auch von unberührten Urwäldern und kulturgepflegten Almen, die jeweils spezifische Lebensräume bilden.

Das Zusammenspiel von Wald, Wasser und Fels in extremen Höhenunterschieden komprimiert sich zu einem vertikalen Panorama extravaganter Vielfalt; nirgendwo sonst findet sich eine dichtere Population von Orchideen und weiteren Raritäten aus der Botanik. Und manche zoologische Sonderlinge, wie hier weltweit einmalig vorkommende Insekten, darunter über 260 nachgewiesene Nachtfalter, machen in Fachkreisen international auf sich aufmerksam. Kurzum: Das Gesäuse, die größte Felsschlucht Mitteleuropas, ist ein senkrechtes Artenreich, ein Kleinod der Superlative, das in seiner Dichte alpenweit unübertroffen ist. Kein Wunder also, dass sich der folgende fotografische Streifzug durch die Lebensräume der Ennstaler Alpen in so üppiger und prächtiger Weise zu präsentieren vermag.

Ernst Kren

Landschaft vertikal

Szenerien aus Fels

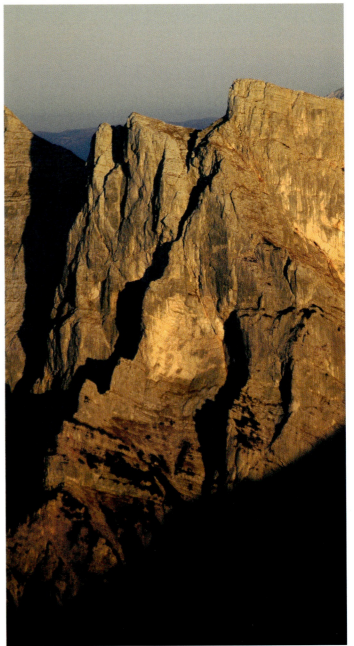

Links:
Die „Drei Mönche";
Peternschartenkopf im Abendlicht;
Blick zur Reichensteingruppe

Rechts:
Ödsteinkarwand und Großer Ödstein
mit seiner markanten Nordwest-Kante

Wälder im Jahreskreis

Links:
Vereister Fichtenwald am Klosterkogel;
Auwald im Nationalpark;
Buchenmischwald Grabneralm

Rechts:
An der Baumgrenze bei der oberen Stadelfeldalm

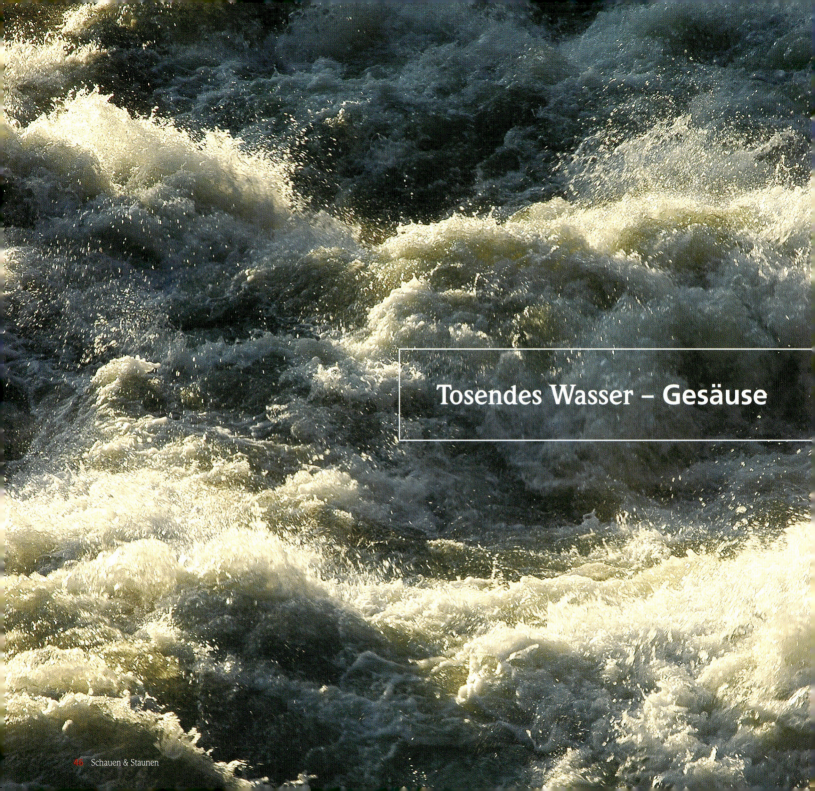

Tosendes Wasser – Gesäuse

Links:
Im Gesäuse-Eingang

Rechts:
Vereister Johnsbach;
Quelle im Gofergraben;
Enten am Stiftsteich;
Hoisl-Lacke im Regen

Links:
Johnsbach mit Buchstein;
Der Johnsbacher Wasserfall;
Teich vor Frauenberg

Rechts:
Teich bei Gstatterboden

Lebensräume im Jahreslauf

Links:
Grießhof-Lacke mit Blick in den Nationalpark

Rechts:
Frühlingswiese in Hall;
Sommer in Johnsbach;
Herbst auf der Haselkaralm mit Lugauer;
Winterlandschaft nahe Admont

Links:
Großer Buchstein im Sonnenaufgang

Rechts:
Im Pichlmaier Moor;
Buchau mit Großem Buchstein;
Großer Ödstein in Johnsbach;
Auf der Scheiblegger Niederalm

Links:
Schmelzwassersee in den Cordon-Wiesen;
Admont mit Haller Mauern;
Pichlmaier Moor mit Reichensteingruppe

Rechts:
Lamprecht-Wiese unter Wasser

Landschaft auf Sommerfrische

Links:
Blick in die sonnendurchflutete
Nordwand der Hochtorgruppe

Rechts:
Reiterbach mit Gesäuseblick;
Johnsbach-Steg mit Hochtorgruppe;
Teich vor Frauenberg;
Frauenberg mit Löwenzahnwiese

Links:
Schloss Kaiserau mit Admonter Kalbling;
Reiterbach mit Admonttal;
Die Enns am Johnsbach-Steg;
Ennsmäander mit Bosruck

Rechts:
Blick übers Ennstal nach Admont;
Letzte Sonnenstrahlen auf der Sulzkaralm

Landschaft im Herbstkleid

Links:
Hoisl-Lacke mit Himbeerstein, Hochtorgruppe und Haindlmauer

Rechts:
Scheiblingstein vom Lärcheck;
Altarm der Enns bei Frauenberg;
Heustadel bei Frauenberg;
Blick zu den Haller Mauern

Links:
Lärchen-Fichtenwald mit Hochtorgruppe;
Scheiblingstein-Südwand;
Bacher Alm mit Haller Mauern;
Mischwald mit Schildmauer

Rechts:
Erster Frost beim Hoisl, dahinter der Große Ödstein;
Forchnerwiese mit Buchstein und Hochtorgruppe

Landschaft unter Schnee

Links:
Bizarre Eisblumen mit Haller Mauern

Rechts:
Admont mit Haller Mauern;
Winterwald in der Krumau;
Am Weißgerberteich;
Grießhof-Lacke mit Haller Mauern

Schauen & Staunen

Links:
Grießhof-Lacke mit Reichensteinmassiv;
Großer Buchstein im Abendrot;
Admont mit Haller Mauern;
Winterlandschaft bei Admont

Rechts:
Grießhof-Lacke mit Nationalpark-Blick

Sonnenuntergang am Tamischbachturm

Lebensräume und ihr Kreislauf

Links:
Säbelschrecke

Rechts:
Ameisenhaufen;
Baumschwamm;
Totengräber;
Erstbesiedelung eines Baumstrunks

Hotel Flora mit Kost & Logis

Links:
Kohlweißling

Rechts:
Bockkäfer auf Witwenblume;
Schwebfliege auf Fruchtstand des Löwenzahns;
Heuschreckenlarve auf Löwenzahn;
Pinselkäfer auf Alpenkratzdistel

Links:
Kaisermantel;
Admiral;
Schillerfalter;
Trauermantel

Rechts:
Widderchen;
Scheckenfalter und Totengräber

Links:
Gerandete Jagdspinne;
Krabbenspinne;
Wespenspinne;
Kreuzspinne

Rechts:
Krabbenspinne

Schauen & Staunen 77

Links:
Marienkäfer;
Blattkäfer;
Heuschrecke;
Blattkäfer

Rechts:
Biene vor einer Sibirischen Schwertlilie;
Libelle vor dem Fruchtstand einer Waldrebe

Sonnentau

Lebensraum feucht & warm

Links:
Weinbergschnecken

Rechts:
Feuersalamander;
Wasserfrosch;
Kreuzotter;
Hecht

Der Kreislauf des Lebens

Links:
Nest der Trichterspinne

Rechts:
Fichtenkeimling auf Totholz;
Rotrandiger Baumschwamm

Links:
Baumharz;
Gelbe Krustenflechte;
Baummoos;
Torfmoos

Rechts:
Steinflechte;
Becherflechte

Schauen & Staunen **87**

Lebensraum Moor, Moos & Farn

Moos auf Stein und Altholz

Links:
Stockwerkmoos;
Moorboden;
Torfmoos;
Torfmoos

Rechts:
Tannenbärlapp

Links:
Mohrenfalter auf Adlerfarn;
Streifenfarn;
Streifenfarn;
Straußfarn

Rechts:
Straußfarn;
Wurmfarn

Im Reich der Pilze

Links:
Perlpilz

Rechts:
Fliegenpilz;
Eierschwammerl;
Morchel;
Schopftintling

Links:
Faserling;
Dickfuß;
Kartoffelbovist;
Steinpilz

Rechts:
Pilzkultur;
Schopftintling

Links:
Fliegenpilz;
Maronenröhrling;
Ritterling;
Violetter Lacktrichterling

Rechts:
Stäubling

Landschaft beeriger Früchtchen

Links:
Schattenblümchen

Rechts:
Auenbrombeere;
Maiglöckchen;
Schneebeere;
Erdbeere

Links:
Einbeere;
Himbeere;
Schwarzer Holunder;
Hagebutte;
Garten-Himbeere;
Preiselbeere

Rechts:
Auenbrombeere

Links:
Faulbaum;
Rauschbeere;
Salomonsiegel;
Heckenkirsche

Rechts:
Moosbeere;
Heidelbeere

Schauen & Staunen

Totholz, Farn, Flechten und Moos

Flora im Frühling

Links:
Blumenwiese mit Frauenberg

Rechts:
Nachtkerze;
Schneerose;
Waldstorchschnabel;
Kartoffelrose

Die gelben Seiten der Landschaft

Links:
Huflattich

Rechts:
Petergstamm;
Gilbweiderich

Schauen & Staunen

Links:
Weiße Pestwurz;
Berberitze;
Sumpfdotterblume;
Sonnenröschen;
Milzkraut;
Sumpfdotterblume

Rechts:
Sumpfdotterblume vor der Grabneralm

Links:
Weidenblättriges Ochsenauge;
Hufeisenklee;
Wundklee;
Bocksbart

Rechts:
Trollblume vor der Hochtorgruppe

Weiße Wochen im Lenz

Links:
Wollgras

Rechts:
Alpenwaldrebe;
Weiße Akelei;
Fruchtstand des Löwenzahns;
Auenbrombeere

Links:
Buschwindröschen;
Wollgras;
Dreiblättriges Schaumkraut

Rechts:
Schneerose am Grabnerstein

Links:
Erdbeere;
Alpenmohn;
Schneerose;
Narzisse

Rechts:
Buschwindröschen;
Silberwurz

Schauen & Staunen

Links:
Große Sterndolde;
Krokus auf der Kaiserau;
Weißer Klee;
Felsenbirne;
Wintergrün;
Sumpfsternmiere

Rechts:
Frühlingsknotenblume

Schönheit im Schatten

Links:
Frauenschuh

Rechts:
Schneeglöckchen;
Wolliger Schneeball;
Gemeiner Schneeball;
Maiglöckchen

Paradies in rosarot

Links:
Seidelbast

Rechts:
Herbstzeitlose;
Katzenpfötchen;
Rote Lichtnelke;
Schneeheide

Schauen & Staunen

Links:
Roter Petergstamm;
Wiesenschaumkraut;
Schneeheide

Rechts:
Heidenelke vor Frauenmauer

Links:
Tartarenheckenkirsche;
Hundsrose;
Seidelbast;
Gefleckte Taubnessel

Rechts:
Schuppenwurz;
Schlangenknöterich vor Sibirischer Schwertlilie

132 Schauen & Staunen

Links:
Helmknabenkraut vor Hochtorgruppe;
Blutweiderich;
Schlangenknöterich;
Schuppenwurz;
Rote Lichtnelke;
Gefleckte Taubnessel

Rechts:
Hohler Lerchensporn

Wenn die Landschaft rotblau macht

Links:
Alpenflockenblume

Rechts:
Gewöhnliche Akelei;
Sibirische Schwertlilie;
Kriechender Günsel;
Beinwell

Links:
Hainveilchen;
Krokus;
Leberblümchen;
Wiesenglockenblume

Rechts:
Scheuchzers Glockenblume;
Stängelloser Enzian

Nachbarn und andere Sprösslinge

Links:
Bunte Blumenwiese

Rechts:
Knäuelblütige Glockenblume;
Hohe Schlüsselblume;
Margerite;
Gewöhnliche Akelei

Links:
Salweide/weibliche Blüte;
Salweide/männliche Blüte;
Purpurweide;
Knospe des Roten Holunders

Rechts:
Ackerschachtelhalm;
Rote Pestwurz

Links:
Lärchenknospe;
Korbweide;
Salweide

Rechts:
Fichtenknospe

Schauen & Staunen 143

Brutknöllchentragende Feuerlilie in Hall bei Admont

Flora im Sommer

Links:
Bewimperte Alpenrose am Peternpfad

Rechts:
Rotes Kohlröserl;
Margerite;
Ackerstiefmütterchen;
Vergissmeinnicht

Sommerzeit in voller Pracht

Links:
Schwalbenwurzenzian

Rechts:
Blauer Eisenhut;
Kugelige Teufelskralle;
Bittere Kreuzblume;
Kreuzenzian

Links:
Niedliche Glockenblume;
Scheuchzers Glockenblume auf der Ardningalm;
Alpenleinkraut

Rechts:
Gemeiner Natternkopf;
Nacktstängelige Kugelblume

Links:
Knäuelblütige Glockenblume;
Zottelwicke;
Wiesenflockenblume;
Gamander-Ehrenpreis

Rechts:
Rotes Waldvögelein;
Nesselblättrige Glockenblume

Schauen & Staunen 153

Links:
Skabiose;
Moschusmalve;
Alpenkratzdistel

Rechts:
Alpendost;
Bunte Kronwicke

Pink is beautiful

Links:
Türkenbund

Rechts:
Heidenelke;
Alpenveilchen;
Platterbse;
Drüsiges Springkraut

Links:
Rote Schafgarbe;
Geflecktes Knabenkraut;
Kuckuckslichtnelke

Rechts:
Gebräuchliche Betonie
vor Hochtorgruppe

Links:
Sumpfweidenröschen;
Blutweiderich;
Nelkenleimkraut

Rechts:
Händelwurz und Blassgelbe Betonie;
Braunrote Stendelwurz

Links:
Tollkirsche;
Brandknabenkraut;
Bergdistel;
Sumpfkratzdistel

Rechts:
Bewimperte Alpenrose vor der Jungfernscharte

Flora sonderbar

Links:
Garten-Feuerlilie

Rechts:
Großblütige Königskerze;
Brutknöllchentragende Feuerlilie;
Klatschmohn;
Hornklee

Links:
Fünffingerkraut;
Hornklee;
Rainfarn;
Schnecke auf
weidenblättrigem Ochsenauge

Rechts:
Kanadische Goldrute;
Großes Springkraut

Links:
Gemeines Leinkraut;
Schwarze Königskerze;
Arnika

Rechts:
Bunter Hohlzahn;
Bewimperter Steinbrech

Links:
Sonnenröschen;
Gilbweiderich;
Biene auf Kanadischer Goldrute;
Pfennigkraut

Rechts:
Nachtkerze

Floraweiß im Sommer

Links:
Alpenmohn im Johnsbachtal

Rechts:
Wilde Möhre;
Strahlensame;
Ruke;
Brustwurz

Links:
Mädesüß;
Aufgeblähtes Leimkraut;
Sumpfherzblatt

Rechts:
Stängelloses Fingerkraut mit Rauchmauer

Links:
Ackerwinde;
Seerose;
Weiße Wiesenflockenblume;
Moschusmalve

Rechts:
Waldrebe;
Hornkraut

Schauen & Staunen

Links:
Weißer Germer;
Sumpfstendelwurz mit Ödstein;
Österreichischer Bärenklau

Rechts:
Händelwurz mit Bosruck;
Weißer Mauerpfeffer

Gemixt, getupft und kerzengerade

Links:
Kanadische Goldrute

Rechts:
Drüsiges Springkraut;
Große Sterndolde;
Zwergholunder;
Rosskastanie

Schauen & Staunen

Links:
Vogelnestwurz;
Roter Fingerhut;
Sommerwurz;
Geflecktes Knabenkraut;
Gelber Fingerhut;
Braunrote Stendelwurz

Rechts:
Bachnelkenwurz;
Margerite mit Wasserdost

Rossfeldboden mit Haller Mauern

Flora im Herbst

Links:
Feinstrahlaster

Rechts:
Marienkäfer;
Ahornblätter;
Kartoffelrosenblätter;
Wollköpfige Kratzdistel

Schauen & Staunen

Herbst in warmen Tönen

Links:
Berghahnenfuß

Rechts:
Eierschwammerl;
Hummel auf Kohlkratzdistel;
Astmoos;
Weidenblättriges Ochsenauge

Links:
Wolliger Schneeball;
Pfaffenkapperl;
Ahornblätter

Rechts:
Mombrezie mit Beerenwanze

Links:
Fruchtstand der Wegkratzdistel;
Kartoffelrose;
Becherling;
Habichtskraut

Rechts:
Kanadische Goldrute;
Hagebutte

Herbst in allen Farben

Links:
Blauer Eisenhut

Rechts:
Gemeiner Schneeball;
Brombeere;
Gefranster Enzian;
Golddistel

Links:
Berberitze;
Drüsiges Springkraut mit Hummel;
Feinstrahlaster;
Dost

Rechts:
Gefranster Enzian

Links:
Herbstzeitlose;
Kanadische Goldrute;
Weißdorn

Rechts:
Alpensteinquendel;
Großer Fuchs auf einer Wegkratzdistel

Links:
Bittersüß;
Fieberklee;
Klebriger Salbei

Rechts:
Teufelsabbiss

Schauen & Staunen **201**

Schauen & Staunen

Links:
Orangenbecherling;
Silberdistel;
Gänseblümchen;
Reizker

Rechts:
Augentrost;
Hahnenfuß

Links:
Berufskraut;
Pfaffenkapperl;
Tollkirsche

Rechts:
Wollgras;
Kleinbiotop im Ennsmäander

Natur im Saisonschluss

Links:
Frauenmantelblatt

Rechts:
Fruchtstand des Bärenklaus;
Fruchtstand der Waldrebe;
Lärchenzweig;
Fruchtstand des Bärenklaus

Links:
Fruchtstand der Wegkratzdistel;
Ahornblatt;
Brombeerblätter;
Fichtenzapfen

Rechts:
Brombeerblätter

Letztes Licht über der Grießhof-Lacke

Flora im Winter

Links:
Eisblumen

Rechts:
Fichtenzapfen;
Gemeiner Schneeball;
Gelbe Krustenflechte;
Unter Eis

Landschaft im Frost

Links:
Impression aus Schnee

Rechts:
Bärenklaudolde;
Bärenklaudolde;
Ast im Raureif;
Schilfgras

Schauen & Staunen

Landschaft im Winter

Erstarrte Natur

Links:
Wald im Winterkleid;
Kiefernzweig mit Raureif;
Winterbach;
Lindensamen im Frost

Rechts:
Gemeiner Schneeball;
Schwan auf der Grießhof-Lacke

Schauen & Staunen **221**

Paradies aus Kristall & Eis

Eiszeit

Im Eis erstarrte Natur

Pflanzen  verzeichnis

Akelei, gewöhnliche	135	Fichte (Knospe)	143	Holunder, Zwerg-	120
Akelei, gewöhnliche	139	Fieberklee	200	Holunder, Zwerg-	181
Akelei, weiße	117	Fingerhut, gelber	182	Hornklee	165
Alpenrose, bewimperte	146	Fingerhut, roter	182	Hornklee	166
Alpenrose, bewimperte	163	Fingerkraut, Fünf-	166	Hornkraut	177
Alpenwaldrebe	117	Fingerkraut, stängelloses	175	Hufeisenklee	114
Arnika	114	Flockenblume, Alpen-	134	Huflattich	110
Arnika	168	Flockenblume, Wiesen-	152	Hundsrose	130
Aster, Feinstrahl-	186	Flockenblume, Wiesen-	176	Kartoffelrose	109
Aster, Feinstrahl-	196	Frauenmantel (Blatt)	206	Kartoffelrose	192
Augentrost	203	Frauenschuh	124	Kartoffelrose (Blätter)	187
Bärenklau (Fruchtstand)	207	Frühlingsknotenblume	123	Katzenpfötchen	127
Bärenklau, österreichischer	178	Gänseblümchen	202	Klee, weißer	122
Beinwell	135	Germer, weißer	178	Knabenkraut, Brand-	162
Berberitze	112	Gilbweiderich	111	Knabenkraut, geflecktes	158
Berberitze (Früchte)	196	Gilbweiderich	170	Knabenkraut, geflecktes	182
Berufskraut	204	Glockenblume, knäuelblütige	139	Knabenkraut, Helm-	132
Betonie, blassgelbe	161	Glockenblume, knäuelblütige	152	Knöterich, Schlangen-	131
Betonie, gebräuchliche	159	Glockenblume, nesselblättrige	153	Knöterich, Schlangen-	132
Bittersüß (Früchte)	200	Glockenblume, niedliche	150	Kohlröserl, rotes	147
Bocksbart	114	Glockenblume, Scheuchzers	137	Königskerze, großblütige	165
Bocksbart	166	Glockenblume, Scheuchzers	150	Königskerze, schwarze	168
Brombeere, Auen-	117	Glockenblume, Wiesen-	136	Kratzdistel, Alpen-	73
Brombeere, Auen- (Früchte)	101	Golddistel	195	Kratzdistel, Alpen-	154
Brombeere, Auen- (Früchte)	103	Goldrute, kanadische	167	Kratzdistel, Kohl-	189
Brombeere, Auen- (Früchte)	195	Goldrute, kanadische	170	Kratzdistel, Sumpf-	162
Brustwurz	173	Goldrute, kanadische	180	Kratzdistel, Weg- (Fruchtstand)	192
Distel, Berg-	162	Goldrute, kanadische	193	Kratzdistel, Weg- (Fruchtstand)	208
Dost	196	Goldrute, kanadische	198	Kratzdistel, wollköpfige	187
Dost, Alpen-	155	Günsel, kriechender	135	Kreuzblume, bittere	149
Dost, Wasser-	183	Habichtskraut	192	Krokus	122
Ehrenpreis, Gamander-	152	Hagebutte (Früchte)	102	Krokus	136
Einbeere (Früchte)	102	Hagebutte (Früchte)	193	Kugelblume, nacktstängelige	151
Eisenhut, blauer	149	Hahnenfuß	203	Lärche (Knospe)	142
Eisenhut, blauer	194	Hahnenfuß, Berg-	188	Leberblümchen	136
Enzian, gefranster	195	Händelwurz	161	Leimkraut, aufgeblähtes	174
Enzian, gefranster	197	Händelwurz	179	Leimkraut, Nelken-	160
Enzian, Kreuz-	149	Heckenkirsche (Früchte)	104	Leinkraut, Alpen-	150
Enzian, Schwalbenwurz-	148	Heckenkirsche, Tartaren-	130	Leinkraut, gemeines	168
Enzian, stängelloser	137	Heidelbeere (Früchte)	105	Lerchensporn, hohler	133
Erdbeere	120	Herbstzeitlose	127	Lichtnelke, Kuckucks-	158
Erdbeere (Früchte)	101	Herbstzeitlose	198	Lichtnelke, rote	127
Faulbaum (Früchte)	104	Himbeere (Früchte)	102	Lichtnelke, rote	132
Felsenbirne	122	Himbeere, Garten- (Früchte)	102	Löwenzahn	73
Feuerlilie, brutknöllchentragende	144	Hohlzahn, bunter	169	Löwenzahn (Fruchtstand)	73
Feuerlilie, brutknöllchentragende	165	Holunder, roter (Knospe)	140	Löwenzahn (Fruchtstand)	117
Feuerlilie, Garten-	164	Holunder, schwarzer (Früchte)	102	Mädesüß	174

Maiglöckchen	125	Schlüsselblume, hohe	139	Taubnessel, gefleckte	132
Maiglöckchen (Früchte)	101	Schneeball, gemeiner	125	Teufelsabbiss	201
Malve, Moschus-	154	Schneeball, gemeiner (Früchte)	195	Teufelskralle, kugelige	149
Malve, Moschus-	176	Schneeball, gemeiner (Früchte)	213	Tollkirsche	162
Margerite	139	Schneeball, gemeiner (Früchte)	221	Tollkirsche (Früchte)	204
Margerite	147	Schneeball, wolliger	125	Trollblume	115
Margerite	183	Schneeball, wolliger (Früchte)	190	Türkenbund	156
Mauerpfeffer, weißer	179	Schneebeere (Früchte)	101	Veilchen, Alpen-	157
Miere, Sumpfstern-	122	Schneeglöckchen	125	Veilchen, Hain-	136
Milzkraut	112	Schneeheide	127	Vergissmeinnicht	147
Mohn, Alpen-	120	Schneeheide	128	Vogelnestwurz	182
Mohn, Alpen-	172	Schneerose	109	Waldrebe	177
Mohn, Klatsch-	165	Schneerose	119	Waldrebe (Fruchtstand)	79
Möhre, wilde	173	Schneerose	120	Waldrebe (Fruchtstand)	207
Mombrezie	191	Schuppenwurz	131	Waldvögelein, rotes	153
Moosbeere (Früchte)	105	Schuppenwurz	132	Weide, Korb-	142
Nachtkerze	109	Schwertlilie, sibirische	79	Weide, Purpur-	140
Nachtkerze	171	Schwertlilie, sibirische	108	Weide, Sal-	142
Narzisse	120	Schwertlilie, sibirische	131	Weide, Sal- (männl. Blüte)	140
Natternkopf, gemeiner	151	Schwertlilie, sibirische	135	Weide, Sal- (weibl. Blüte)	140
Nelke, Heide-	157	Seerose	176	Weidenröschen, Sumpf-	160
Nelke, Heide-	129	Seidelbast	126	Weiderich, Blut-	132
Nelkenwurz, Bach-	183	Seidelbast	130	Weiderich, Blut-	160
Ochsenauge, weidenblättriges	114	Silberdistel	202	Weißdorn (Früchte)	198
Ochsenauge, weidenblättriges	166	Silberwurz	121	Wicke, Kron- (bunte)	155
Ochsenauge, weidenblättriges	189	Skabiose	154	Wicke, Zottel-	152
Pestwurz, rote	141	Sommerwurz	182	Winde, Acker-	176
Pestwurz, weiße	112	Sonnenröschen	112	Windröschen, Busch-	118
Petergstamm	111	Sonnenröschen	170	Windröschen, Busch-	121
Petergstamm, roter	128	Sonnentau	80	Windröschen, Busch-	125
Pfaffenkapperl (Früchte)	190	Springkraut, drüsiges	157	Wintergrün	122
Pfaffenkapperl (Früchte)	204	Springkraut, drüsiges	181	Witwenblume	73
Pfennigkraut	170	Springkraut, drüsiges	196	Wollgras	116
Platterbse	157	Springkraut, großes	167	Wollgras	118
Preiselbeere (Früchte)	102	Steinbrech, bewimperter	169	Wollgras	205
Quendel, Alpenstein-	199	Stendelwurz, braunrote	161	Wundklee	114
Rainfarn	166	Stendelwurz, braunrote	182		
Rauschbeere (Früchte)	104	Stendelwurz, Sumpf-	178		
Rosskastanie	181	Sterndolde, große	122		
Ruke	173	Sterndolde, große	181		
Salbei, klebriger	200	Stiefmütterchen, Acker-	147		
Salomonsiegel (Früchte)	104	Storchschnabel, Wald-	109		
Schachtelhalm, Acker-	141	Strahlensame	173		
Schafgarbe, rote	158	Sumpfdotterblume	112		
Schattenblümchen (Früchte)	100	Sumpfdotterblume	113		
Schaumkraut, dreiblättriges	118	Sumpfherzblatt	174		
Schaumkraut, Wiesen-	128	Taubnessel, gefleckte	130		

Die Reihenfolge der dargestellten Pflanzen- und Landschaftsmotive ist den jeweiligen Jahreszeiten nicht chronologisch zugeordnet und kann diese fallweise überschneiden. Auf lateinische bzw. umgangssprachliche Namensgebung wurde verzichtet und ausschließlich die deutsche Bezeichnung verwendet. Zur Bestimmung wurde vornehmlich die „Flora Helvetica", Lauber/Wagner, Verlag Haupt/Bern (3. Auflage 2001) verwendet.